세 상에 대하여
우리가
더잘 알아야 할
교양

85

지은이 소개

지은이 **필립 스틸**

1948년 영국 서레이주의 도킹에서 태어났고 유니버시티 칼리지에서 현대 언어학을 전공했습니다. 런던의 여러 출판사에서 편집자로 일했고, 1980년대부터 프리랜서 작가로 진로를 정하고 이후 출판 컨설팅 회사를 설립했습니다. 역사, 자연, 사회 문제, 민족 및 문화 분야에 걸친 광범위한 주제로 다수의 어린이 정보책에 글을 써 왔고, 저서로는 세더잘 시리즈《65 인구 문제, 숫자일까, 인권일까?》《66 기후 변화, 자연을 상품으로 대하면?》《76 식량 안보, 국가가 다 해결할 수 있을까?》《83 물, 아직도 부 족할까?》《84 석유, 고갈될까?》《가보고 싶은 세계의 건물들》《타보고 싶은 세계의 탈것들》《피라미드는 왜 뾰족할까요 왜 그런지 정말 궁금해요》《이집트-신나는 역사 여행》《고대 이집트의 비밀 미라》《언론의 자유》《갈릴레오 갈릴레이-우주의 중심을 바로잡은 천재과학자》《종이로 만드는 기차의 역사》(공저) 등이 있습니다.

옮긴이 소개

옮긴이 **윤영**

서울대학교 미학과를 졸업하고 같은 대학원에서 고고미술사학과를 수료했습니다. 현재 번역 에이전시 엔터스코리아에서 출판기획자 및 전문번역가로 활동하고 있습니다. 옮긴 책으로는 세더잘 시리즈《76 식량 안보, 국가가 다 해결할 수 있을까?》《83 물, 아직도 부 족할까?》《84 석유, 고갈될까?》《과학 속 슈퍼스타》《얼렁뚱땅 세계사 시리즈》《세계 문화 여행: 일본》《세계 문화 여행: 홍콩》《세상의 끝에서 에덴을 발견하다》《사랑해, 나는 길들여지지 않아》《좀비 아이 1-2》《살아남은 자들 1-6권》《마녀 클럽 시리즈 1-4권》《딩크던컨과 미스터리 수사대 시리즈》《톰보이》《타임리스 1-2권》《쿵푸팬더 3 무비스토리북》《그림 그리기는 즐겁죠》《The Art of 인크레더블2》등 다수가 있습니다.

세 상에 대하여 우리가 더 잘 알아야 할 교양

필립 스틸 글 | 윤영 옮김

85

자연 서식지와 자연 개발

무엇이 우선일까?

내인생의책

차례

※ 본문의 **굵은 글씨**로 표시된 단어는 용어 설명에서 찾아보세요.

아마존 열대우림이 자연재해로 불타는 장면을 찍은 항공사진입니다.

들어가며

들어가며 : 자연 서식지에 관해 이야기해 볼까요?

그 많던 오랑우탄은 다 어디로 숨었을까요?

지구 환경이 원체 오염되어 동식물이 거주하는 자연 서식지 역시 큰 위기를 맞고 있습니다. 보르네오와 수마트라의 열대**우림**에는 오랑우탄이 서식하고 있어요. 백여 년 전에는 23만 마리가량을 자랑하는 대규모 오랑우탄 서식지였지만, 지금은 확 줄어 6만 마리밖에 남아 있지 않아요. 게다가 작은 집단으로 분산**(파편화)**되어 현재는 오랑우탄의 집단의 존망 자체가 위협을 받고 있어요.

열대우림 서식지는 인류의 번영을 위하여 도시 개발을 진행하는 벌목업자와 건설업자의 발에 짓밟히고 있으며 그 자리를 대규모 기름야자나무 농장이 차지하고 있습니다.

보르네오 다눔밸리의 오랑우탄입니다. 현재 이 지역은 다양한 식물과 희귀 동물이 서식하는 보호구역으로 지정되어 있습니다.

우리도 모르는 사이에

왜 이런 참사가 벌어졌을까요? 다 정부의 탓이고, 벌목업자의 돈 욕심 때문이고, 야자나무 열매에서 기름을 채취하는 기업의 잘못입니다. 하지만 궁극적으로는 우리에게 잘못이 있습니다. 우리는 매주 슈퍼마켓에서 야자유를 구입하고 있으니 말입니다. 몰랐겠지만 야자유, 즉 **팜유**는 비스킷, 케이크, 파이, 초콜릿 바, 사탕, 아이스크림, 잼이나 버터, 주방용 세제, 치약, 샴푸, 립스틱에 들어 있거든요. 안타깝게도 이런 예는 빙산의 일각에 불과합니다. 사실 이 비슷한 일이 전 세계적으로, 대규모로 벌어지고 있습니다. 인간은 자연 서식지와 대자연을 짓밟고 인간의 거주지까지 훼손하고 있습니다.

이 세상을 지배하는 만물의 영장, 인류

빙하 시대 이후 우리가 사는 지질 연대는 '가장 최근'이라는 의미로 완신세, 홀로세(Holocene)라고 합니다. 하지만 학자들은 농경을 처음 시작한 시점 혹은 산업혁명이 시작하던 18세기 후반 또는 최초의 핵실험이 성공한 1945년 이후를 그리고 어떤 사람들은 플라스틱을 사용한 20세기 초반 이후를 '인류세(Anthropocene)'라는 새로운 지질학적 용어로 명명하기도 합니다. 물론 이 용어는 지질학계에서 정식으로 채택된 것도 아니고, 앞에서 말한 것처럼 시작 시점도 정확하게 정해진 것도 아닙니다. 하지만 인간 활동에 의해 지구의 자연 환경에 유의미한 변화가 초래된 시기라는 뜻이며, 우리 인류에게 지금과 같은 자연 파괴에 경종을 울리기 위해 유진 스토머와 노벨 화학상 수상작인 파울 크뤼천이 붙였습니다.

오일샌드

캐나다 앨버타주의 애서배스카 오일샌드에는 비튜멘(원유, 아스팔트 등)이나 중질 원유가 들어 있습니다. 노천 채굴법은 많은 온수를 이용할 수밖에 없는데, 이 방법으로 기름을 추출하면 자연환경이 손상되고 **온실가스**가 방출됩니다.

노천 채굴

다음 사진은 미국 솔트레이크 시티 근교, 빙엄 케니코트 구리 광산에서 대규모 굴착을 하고 있는 현장입니다. 이런 인공 광산은 주변 환경에 심각한 타격을 주지 않을 수 없겠죠.

기름 유출

러시아의 송유관에서 기름이 유출되기도 합니다. 기름 유출은 동식물의 서식지뿐만 아니라 동식물의 생존에 심각한 영향을 주며, 기름을 제거하는 데 몇 개월, 심지어 몇 년이 소요되기도 합니다.

사진은 사막 서식지에 사는 아라비아오릭스입니다.

'우리가 이 땅을 사랑한다고 감히 말할 자격이나 있을까?
미래 세대가 사용할 땅까지 파괴하고 있는데.'

-교황 요한 바오로 2세-

세계의 자연 서식지가 훼손되고 있습니다. 어떤 사람은 인류의 번영을 위하여 자원 개발은 불가피하다고 항변합니다. 앞으로 각 장에서는 자연 서식지에 관한 다양한 화제를 살펴보고 우리의 편의를 위하여 이렇게 자연 서식지를 마구 짓밟아도 되는지 논의할 것입니다.

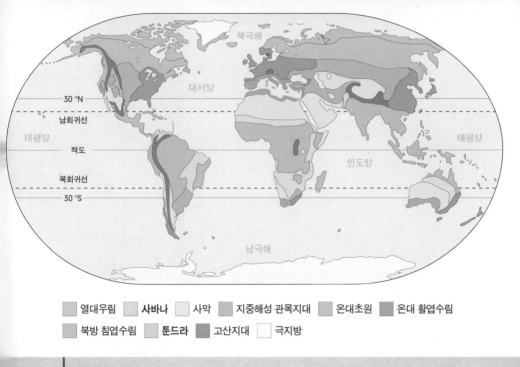

| | 열대우림 | | **사바나** | | 사막 | | 지중해성 관목지대 | | 온대초원 | | 온대 활엽수림 |
| | 북방 침엽수림 | | **툰드라** | | 고산지대 | | 극지방 |

지구는 얼어붙은 극지방부터, 열대우림, 사막, 산악지대까지 주 분포 식물에 따라 열한 가지 생물군으로 나누어져 있습니다.

자연 생태계

지구상의 모든 생명은 태양으로부터 에너지를 얻습니다. 식물과 동물은 서로서로 의존하며 생태계를 형성합니다. 먹고 먹히는 먹이사슬과 서로 의존 관계에 있는 먹이그물이 있죠. 세상에는 나무에 기생하는 버섯, 고슴도치 몸에서 피를 빠는 벼룩, 파리를 먹고 사는 식물 등 다양한 생명체가 있습니다. 또 생식을 위해 꿀벌이 **수분**하는 꽃도 있지요.

우리의 집, 지구 행성

이런 네트워크가 가동되는 환경이 생태계를 이룹니다. 끊임없는 강수의 증발, 응결 과정, 즉 물의 순환과 기후의 영향으로 환경은 유지됩니다. 열대 우림, 뜨거운 사막, 초원지대 같은 생물군, 생물 분포대도 물의 순환과 기후 때문에 생기는 것입니다. 특정한 동식물이 사는 지역을 서식지라고 부르고 동식물의 **종**이 많음을 생물의 다양성이라고 칭하죠.

숫자 정보

많은 농작물을 포함한 현화식물 중 60~80%는 벌과 같은 동물에 의한 수분에 의존합니다.

60%~80%

생태계 파괴

서식지가 바뀌고, 훼손되고, 파괴되면 동식물은 먹이사슬 같은 네트워크에서 떨어져 나갈 수밖에 없습니다. 그러면 다른 종에 연쇄반응이 일어나고 생물다양성이 줄겠죠. 살충제를 남발해 벌과 곤충의 서식지 파괴가 이루어지고 있어 개체 수가 확연히 줄었습니다. 곤충은 인간을 포함한 여러 동물의 생존에 절대적으로 필요한 식물의 수분을 담당하고 있어요. 그리고 인간이 섭취하는 식량의 3분의 1은 벌이 수분하는 식물이라는 걸 잊어서는 안 됩니다.

> '우리가 무언가를 따로 떼어내려 할 때, 우린 그것이 우주의 다른 모든 것과 얽혀 있음을 발견한다.'
> -존 뮤어, 미국 환경 보호 활동가, 《나의 첫 여름(1911)》 에서-

루마니아 카르파티아산에 무분별한 벌목이 일어났습니다. 이 숲은 불곰을 포함해 아주 다양한 동물의 삶의 터전이었는데 말이죠.

자연을 거스르는

매년 15만㎢가량의 삼림 서식지가 사라지고 있다는 걸 아시나요? 우리가 숨 쉴 때 반드시 필요한 산소를 공급해줄 나무가 사라지고 있는 겁니다. 세계에서 가장 큰 우림은 아마존강 유역에 있습니다. 이곳은 어마어마하게 다양한 동식물이 서식하는 곳이지만, 지난 50년 동안 면적이 17%가량 줄었습니다.

줄어드는 야생지

100년이 넘는 시간동안 세계 습지의 절반, 산호초의 27%가 사라졌습니다. IUCN(세계자연보전연맹)에 따르면 서식지 파괴는 **멸종** 위기에 처한 동식물 85%에게 주요 위협입니다.

'코뿔소를 보존하는 가장 좋은 방법은 그들이 사는 환경을 보존하는 것이다. 코뿔소와 다른 수백만 종의 동식물은 상호 의존 관계에 있기 때문이다.' -데이비드 아텐버러, 영국 동물학자 겸 영화감독, 1926년생

부딪치는 두 개의 세계

도시의 팽창은 자연과 인간의 직접적인 충돌을 야기하기도 합니다. 2016년 플로리다 엘리게이터 퇴치 프로그램(SNAP)은 사람의 소유지로 걸어 들어온 8,050마리의 악어를 도시에서 내보내야 했습니다.

전기톱과 불도저

　자연 서식지 감소는 다각도로 이루어집니다. 전기톱으로 나무를 싹둑 베거나, 숲에 불을 놓아 수풀을 정리하거나, 불도저로 땅을 밀거나 거대한 댐을 건설하는 등, 전면적인 자연파괴가 일어나기도 하고, 산업 폐기물, 수로 우회, 가축의 과도한 방목 등에 의한 오염같이 점진적인 환경 훼손의 형태로 이루어지기도 합니다. 당장 눈에 띄지는 않지만 더 치명적인 것은 서식지의 파편화입니다. 도시가 팽창하면서 덩달아 도시 외곽에 주택지가 건설되는데, 그 때문에 자연 서식지가 동식물의 교류가 뚝 끊긴 섬이 됩니다. 결국 동물의 개체는 고립되고 번식 기회가 줄어들게 되죠. 하지만 여전히 동물의 이동 경로를 가로막는 인간의 도로가 건설되고 있고, 도시는 고무풍선처럼 점점 더 팽창하고 있습니다. 우리는 자연 서식지를 개발하던 삽질을 멈추고, 동물의 생태 경로를 이어줘야 하지 않을까요?

1장 자연 서식지의 파괴를 이끄는 자연 개발

붐비는 지구

1800년에는 지구상에 10억 명만 존재했습니다. 당시에는 유럽과 북아메리카에서 **산업혁명**이 진행 중이었고, 한창 새로운 공장이 건립되고, 철도가 놓이고, 도시가 대도시로 성장하던 시기였습니다. 인간이 지구의 환경에 흠집을 내기 시작한 것도 이때입니다. 지금은 환경에 대한 폭력이 전 세계적으로 자행되고 있고, 게다가 나날이 포악해지고 있습니다.

치솟는 인구

산업 발전은 인구의 급격한 증가를 초래했습니다. 1960년까지 인류의 인구는 30억 명이었지만, 지금은 그 두 배가 넘는 74억 명을 넘습니다. 5분마다 2,150명의 신생아가 세상에 얼굴을 내밀고 있습니다. 2050년에는 세계 인구가 97억 명, 2100년에는 112억 명에 달할 것입니다. 그 이후로는 큰 변동이 없을 것으로 예측되지만, 알려지지 않은 변수가 엄청나게 많아 이 예측도 정확하지는 않습니다.

1984~1988

2013~2017

두 개의 이 위성 이미지는 중국 상하이의 도시 팽창 현상을 극명하게 보여줍니다. 1984년에서 1988년 사이 위성사진에 보이는 녹색 산림이 2013년에서 2017년 사이 위성사진에는 자취를 감추고 건물로 대체된 것을 확인할 수 있습니다.

빙하의 미래

유람 여객선이 남극의 빙산을 지나고 있습니다. 지구온난화가 계속되면 남극 빙하에서 더 많은 빙산이 떨어져 나올 거예요. 그러면 더 빠르게 빙하가 녹고 해수면이 그만큼 더 상승하겠죠.

'세계 인구가 현 수준으로 계속 증가한다면, 야생동물이나 야생생태계에게 주어진 어떠한 공간도 남아나지 않을 것이다. 하지만 나는 머지않아 인류가 인구 과잉을 제한하는 법을 터득하게 될 거라고 믿는다.'
-피터 스캇 경, 세계자연보호기금 설립자, 1909~1989-

인구증가의 충격

지구가 너무 붐비지 않나요? 사실 물리적으로 지구에는 여전히 충분한 공간이 있습니다. 중요한 건 사람들이 어디에 사는가, 어떻게 사는가, 땅을 어떻게 사용하는가 하는 겁니다. 도시는 시골에서 올라온 사람들로 점점 더 미어져 터져 갑니다. 이걸 대도시화라고 부릅니다. 게다가 더 많은 사람들이 자원을 더 많이 소비합니다. 공장 굴뚝은 여전히 하늘을 시꺼멓게 더럽히고 우리는 여전히 석유, 가스, 석탄처럼 **지구온난화**를 야기하는 **화석연료**를 여전히 태우고 있습니다.

액션 플랜

오늘날 인류는 그 어느 때보다 환경과 인구에 대한 고민이 많습니다. 세계의 많은 정치인도 환경의 보존에 대해 열변을 토합니다. 하지만 너무 소극적인 걸까요? 아니면 너무 늦은 걸까요? 환경 보존에 대한 인류의 걸음에 큰 진척은 없습니다.

인구증가에 대해 따지자면

> · 빈곤을 해결하면 인구증가 속도를 조금이라도 지연할 수 있습니다.
> · 효율적인 토지 이용으로 가파른 인구증가에 좀 더 잘 대처할 수 있습니다.
> · 100년 후에는 인구증가가 안정화될 것입니다.

> · 도시화가 심해집니다.
> · 자원과 자연 서식지에 대한 횡포가 심해집니다.
> · 2100년까지 계속 늘 것입니다.

기아와 물 부족

인구증가가 폭발하면서 식량과 물 공급이 더 심각한 문제가 되었습니다. **유엔**에 따르면 향후 10년 안에 180억 명이 물 부족으로 고생할 수 있다고 합니다. 또한 이 많은 인구를 다 먹여 살리려면 농부 한 명당 수확량이 70% 폭증해야 가능하다고 합니다.

점점 메말라가는 지구의 풍광

인류는 식용, 농작물, 가축, 산업, 위생용으로 쓸 물이 더 많이 필요하게 됩니다. 새로운 **대수층**을 발견하고 지하수를 뽑아 쓸 수 있지만, 이 방법은 땅을 파고 설비를 유지하는 데 비용이 너무 많이 들어요. 대수층까지 도달하

거대한 기름야자나무 농장을 찍은 사진입니다. 이런 집약농업 때문에 삼림은 망가지고 **생물다양성** 훼손 속도가 올라갑니다.

는 것도 힘들 수 있고, 물이 충분치 않아 장기간 공급이 불가능할 수도 있습니다. 게다가 계속 뽑아 쓰면 지하수도 마를 것입니다. 그러면 식물이 말라죽고, 야생동물이 물을 마시러 오는 웅덩이도 바닥을 드러낼 겁니다. 식물 뿌리가 더는 수분을 가둬두지 못할 것이고, 토양이 점차 사막화가 될 것입니다.

사라지는 물

케냐의 기린과 얼룩말이 웅덩이 물을 마시기 위해 서성이고 있습니다. 이런 웅덩이가 말라 버리면 동물은 생존을 위해 더 먼 곳까지 물을 찾아 떠돌아다녀야 합니다.

> '우리는 땅을 남용하고 있다. 땅을 우리가 소유한 상품이라 생각하기 때문이다. 이 땅을 우리가 속한 생명 공동체로 보아야, 사랑과 경외심을 가지고 땅을 대할 수 있을 것이다.'
>
> -알도 레오폴드, 미국 환경보호활동가, 1887~1948-

늘어나는 경작지, 줄어드는 숲

식량 수요가 폭증하면 어선의 극단적인 남획이 늘고, 더 넓은 경작지를 위해 숲을 베고 불태우거나, 더 많은 초원을 파 일구겠지요. 그리고 더 많은 화학 약품을 사용하는 집약농업이 일어났고요. 농작물 수확량 증가에 대한 부담이 **유전자변형** 농작물 재배로 이어질 압박도 점점 커지고요. 유전자변형에 반대하는 사람들이 주변 동식물에 부정적인 영향을 주고, 생물다양성까지 해칠 수 있다고 주장하고 있는데도 말입니다.

논

인도네시아 발리의 계단식 논입니다. 벼나 밀 같은 농작물 생산과 효율성을 비교했을 때 소고기 생산은 칼로리 당 160배 많은 더 넓은 토지가 소요되고, 온실가스를 11배 더 배출합니다.

현명한 해결책?

이런 방법은 어떤가요? 버려지는 음식 양을 줄이고, 주요국 사람이 욕실에서 흥청망청 쓰는 물의 양을 줄이는 것이죠. 아니면 토지 사용을 변화시키는 건 어떤가요? 가축을 기르는 대신 영양가 높은 농작물을 키우면 돈과 물을 절약하고, 배를 곯는 사람을 줄일 수 있습니다. 게다가 다양한 서식지도 보존하여 생물다양성도 지킬 수 있겠죠.

· 음식 낭비를 줄이면 농작지를 덜 넓혀도 됩니다.
· 농작물 재배에 더 치중하고 가축 사육을 줄이는 걸 권합니다.
· 더 환경친화적일 수 있습니다.

· 되레 자연 서식지의 파괴를 더 광범위하게 이루어지게 합니다.
· 더 집약적이고 산업화될 수 있습니다.
· 농업용수를 사용하기 위해 더 많은 수로를 우회시켜야 합니다.

파괴를 피할 수 없는 상황

인간의 필요뿐만 아니라 빠른 경제성장도 자연 서식지를 파괴의 속도를 높입니다. 세계의 자연 자원은 자동차, 스마트폰, 보석처럼 우리가 사고팔고 사용하는 상품으로 만들어집니다. 사실상 땅속에 있는 돈을 퍼올리는 거나 마찬가지죠. 이처럼 경제성장이 가속화될수록 공장이 돌아가는 속도도 더 빨라집니다. 대신 자원이 완전히 고갈되기 전까지만 유효한 논리이지요.

전 세계적인 문제

사람은 털이나 가죽 때문에, 혹은 사냥의 재미를 위해서도 야생동물을 죽입니다. 인간의 위협으로부터 안전한 **생물군계**가 없습니다. 사실상 동물의 입장에서 대멸종의 시대가 도래한 셈입니다. 석유와 가스를 뜨거운 서남아시아 사막, 머나먼 서아프리카 니제르 델타, 남중국해, 심지어 극도로 추운 북

체코와 폴란드 경계에 있는 나무가 **산성비**로 죽고 말았습니다. 화석연료의 사용으로 인한 탄소 배출이 산성비를 생성하는 원인입니다.

극해에서까지 진출해서 추출합니다. 금속광석은 모든 대륙에서 채굴하고 있으며, 종종 유독성 폐기물과 황량한 풍경을 우리에게 선사합니다. 개발업자는 열대우림뿐만 아니라 러시아 극동 습지 삼림과 오스트레일리아의 태즈메이니아 숲도 싹 쓸어버렸습니다.

모피를 입는다는 것

어떤 사람들은 비버의 털을 걸치면 자신이 패셔너블하게 보이며, 자신의 부를 뽐낼 수 있다고 생각합니다. 반면 기껏 털가죽 때문에 동물의 생명을 영구히 빼앗는 행동이 과연 만물의 영장으로서의 인류가 할 짓이냐고 반문하는 사람도 있지요.

비버

경제는 어떤가요?

인류 활동의 결과로 우리가 매일 사용하는 일상품이 제조됩니다. 제조업은 일자리를 만들고 부를 창출하죠. 공장은 텔레비전뿐 아니라 사람의 목숨을 구하는 약도 만듭니다. 경제성장은 빈곤을 줄이고 인구증가를 억제하기도 합니다.

노천 광산

오팔 같은 보석용 원석을 캐는 건 힘들고 위험한 작업입니다. 호주 쿠버페디 주변에는 수직 갱도와 광물 채취장으로 가득합니다.

호주 쿠버 페디의 오팔 광산촌입니다.

적을수록 좋다

사람 대 지구, 여기에 이해 충돌이 있을까요? 지구를 새롭게 이해하면 해결책이 생길 수 있습니다. 숲을 좀 더 신중하게 관리하면 지속가능한 목재 공급이 가능합니다. 새로운 과학기술이 물 소비나 화석연료 배출을 줄일 수도 있습니다. 꼭 더 많은 '물건'을 대량생산할 필요가 있을까요? 이 지점에서 우리의 인식을 새롭게 하는 것이 어떨까요?

> '한 사회의 모습은 창조하는 것에 의해 본연의 모습을 드러나기도 하지만, 그 사회가 파괴하기를 거부한 것에 의해 본색이 드러나기도 한다.'
> ―존 C 소힐, 미국 경제학자 겸 환경보호활동가

공장, 석유채굴, 토목 사업에 대해 따지자면

· 사람에게 일자리를 제공합니다.
· 유용한 상품을 제조합니다.
· 경제적 성장을 이끕니다.

· 유한한 자원을 고갈시켜 버립니다.
· 자연 서식지를 파괴합니다.
· 환경을 대규모로 오염시킵니다.

더워지는 지구

나무뿌리를 뽑아 버리고 토양을 파헤치는 굴착기는 분명 자연 서식지를 파괴하는 대표적인 기계문명을 상징합니다. 지구온난화 현상이 다소 둔화된 듯 보여도, 실제로는 21세기 인류가 직면하고 있는 가장 큰 문제입니다. 기후는 우리의 생물군계, 생태계, 서식지를 결정짓습니다. 기후가 변화하면 동식물은 대이동을 하거나 거기에 적응해야 하죠. 못하면 멸종당하는 거고요. 인류도 예외가 아닙니다.

전 지구적인 온실가스

대기 중의 온실가스가 태양 에너지를 가두어 지구를 뜨겁게 만듭니다.

1. 태양에서 우주를 거쳐 온 태양 복사열이 지구에 흡수됩니다.
2. 태양 에너지 중 일부는 다시 우주로 반사됩니다.

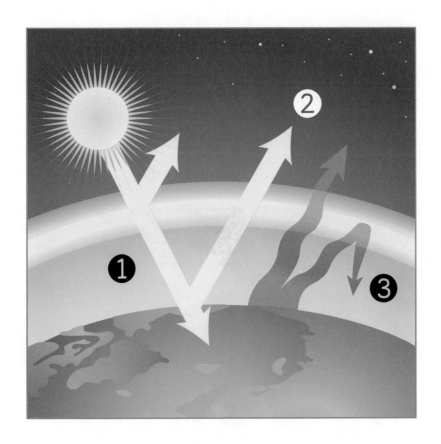

3. 대기 중의 가스가 에너지를 가두고 다시 지구로 반사합니다.

지구는 훨씬 더 뜨거워집니다.

뜨거운 열기

1900년 이후 지구 평균 기온은 0.85℃ 올랐습니다. 최근 몇 년 동안 지구의 연평균 기온 기록이 경신되었습니다. 과학자들은 **이산화탄소(CO_2)**와 메탄 (CH_4) 같은 배출 가스가 늘어난 것이 주요 원인이라 봅니다. 이 가스가 지구에서 반사된 태양 복사열을 흡수하기 때문이죠. 이런 온난화 현상을 일으키기 때문에 온실가스라고 부르는 것입니다.

생존

히말라야에서 사냥을 하는 눈표범입니다. 기후위기와 온난화는 눈표범 같은 종의 멸종 위기 지정이라는 결과를 초래했습니다.

위험에 빠진 서식지

석유, 가스, 석탄 등 화석연료를 태우면 이산화탄소가 방출됩니다. 일반적으로 이런 가스는 숲, 바다, 흙에 흡수되지만, 운송 수단, 발전소, 공장에서의 가스 배출이 폭발적으로 늘어나 이제는 다 흡수하지 못합니다. 삼림벌채와 같은 서식지 파괴는 이 같은 상황을 더 악화시킬 뿐입니다. 서식지는 가뭄, 혹서, 홍수, 해빙 융해, 심각한 열대 폭풍우, 예측 불가능한 날씨, 해수면 상승에도 영향을 받습니다. 바다 또한 점점 더 산성화되고 있습니다. 식량 공급, 번식지 등도 타격을 받고, 철새 이동 경로도 바뀌고 있습니다. 환경 피해 정도는 미래의 기온 상승폭에 따라 달라질 것입니다.

인도 하이데라바드입니다.
자동차와 화물차가 내뿜는 배기가스는
온실가스를 증가시킵니다.

숫자 정보

2015년 파리에서 열린 기후 협약에서는 산업화 이전 대비 2도 이하로 유지하고 온도 상승폭을 1.5도 이하로 제한하자고 협의했습니다. 2017년 기준,

지구 평균 기온

이 수치는 이미 지키기 힘들 것으로 보입니다. 기온이 3도 오르면 많은 동식물이 멸종할 수 있습니다. 세계보건기구(WHO)는 지구의 평균기온이 1도 오를 때마다 코로나19 같은 돌림병이 4.7% 증가한다고 경고하고 있습니다.

　1880년부터 2020년까지의 지구 평균기온 그래프입니다. 검은색 선은 연간 평균 온도고, 빨간색 선은 5년 기온의 이동평균선입니다.

- 서식지를 혼란시키고 파괴합니다.
- 이미 진행 중이기에 당장 멈출 수 없습니다.
- 미래의 몇 세기 동안 지속적으로 영향을 끼칩니다.

- 많은 동식물을 멸종시킵니다.
- 바다를 더 산성화시키고 있습니다.
- 삼림파괴로 더 악화일로에 처해 있습니다.

사람 위에 동물?

동아프리카 사바나는 코끼리, 기린, 얼룩말뿐만 아니라 악어나 사자 같은 포악한 맹수까지 다양한 동물들의 서식지입니다. 거기에 있는 동물은 국립공원 안에서 보호 받으며 살고 있습니다. 하지만 이 국립공원은 동물 세계와 적대적인 인간과 만나는 지점이기도 합니다. 그때는 누구의 이익이 우선되어야 할까요? 동물? 현지인? 관광객?

💬 야생동물의 생존은 지구와 생물다양성을 위해 우선되어야 합니다. 국립공원 등은 야생동물 전용 구역으로 지정해야 합니다.

💬 야생동물 보호구역 내에서 돈 많은 외국인이 사냥하는 걸 합법화해야 하는 걸까요?

타조 뒤에 있는 도시는 케냐의 수도 나이로비입니다. 나이로비국립공원은 사실상 파편화된 자연 서식지입니다. 남쪽은 동물이 자유롭게 드나들 수 있고 나머지 방향은 울타리를 세워 막고 있습니다.

최근 몇 년 전에 탄자니아 세렝게티에 고속도로를, 케냐 나이로비국립공원에 철도를 놓자는 논의가 있었습니다. 이런 고속도로나 철도는 계절에 따른 동물의 대규모 이동 경로를 가로막습니다.

케냐와 탄자니아 국립공원의 동물은 지구에서 가장 근사한 곳에서 살고 있습니다. 그들이 상아 때문에 코끼리를 죽이고, 뿔 때문에 코뿔소를 죽이는 **밀렵꾼**들로부터 보호를 받고 있는 건 부정할 수 없는 사실입니다.

케냐 마사이 마라 국립 야생동물 보호구역에서 오프로드 자동차를 탄 관광객이 코끼리, 사자, 치타의 사진을 찍고 있습니다.

💬 호텔, 캠핑지, 산장, 사파리 밴, 카메라 같은 관광산업이 자연 서식지를 훼손하고 있는 것은 아닐까요?

💬 관광산업은 자연보호에 필요한 기금을 공급합니다. 사람들에게 생물다양성과 보호에 대해 가르칠 수 있으니 교육적이기도 합니다. 그리고 무엇보다 총보다는 카메라가 자연에 훨씬 낫죠! 현지인이 관광산업으로 생계를 유지할 수 있다면, 목숨을 건 위험한 밀렵에 나설 가능성이 줄어듭니다.

💬 마사이족은 조상 대대로 세렝게티국립공원 인근 초원에서 살아왔는데, 탄자니아 정부가 이곳 롤리온도에 야생동식물 보존 통로를 조성한다고 마

사이족에게 강제 퇴거 명령을 내려 그들은 어쩔 수 없이 국립공원 밖으로 새로운 터전을 마련할 수밖에 없었습니다. 가슴 아픈 일이 아닐 수 없습니다. 실제로 마사이족은 야생동물과 공존하며 살아가는데다, 자연 서식지를 보호하는 데 어느 누구보다 탁월한 역할을 할 수 있는데 말이죠.

💬 사바나의 풍경에는 늘 인간이 포함되어 있었습니다. 인간도 생태계의 일부이기 때문입니다.

💬 새로 놓은 고속도로가 현지 경제에 도움을 줄 수 있습니다. 야생에 주는 피해를 최소화하여 건설한다면요.

> '마사이족은 관광객과 자연보호에 밀려 늘 3순위다.'
>
> -다미안 벨, 탄자니아 허니가이드 재단-

2장 우리의 관심이 절실한 자연 서식지

중국 하얼빈 동북호림원, 세계 최대의 호랑이동물원입니다. 풍부한 먹이, 체계적인 건강 관리, 500마리가 넘는 동료, 넓디넓은 공간, 무엇보다 신이 내린 수명이 보장된 공간입니다. 여기는 시베리아호랑이(일명 아무르호랑이, 백두산호랑이)에게는 서식지로서 적절한 곳일까요?

바다와 해안

지구를 푸른 행성이라고들 사람은 예찬합니다. 지구 표면의 71%가 바다라는 소금물로 덮여 있어 파랗게 보이기 때문이죠. 북극과 남극, 적도 사이의 해류는 기후를 조절하는 역할을 하며, 바닷물이 증발하여 비가 되어 내립니다. 바다는 어마어마하게 많은 종의, 여전히 미스터리로 남아 있는 해양 생물이 살아가는 거대한 서식지입니다.

알래스카 케나이 피오르 국립공원의 혹등고래. 약 5천 마리였던 혹등고래의 수는 1966년 상업적 포경이 금지된 이후 8만 마리까지 개체수가 늘어났습니다.

아직 완전한 게 아니다

2015년 737종의 해양 생물이 세계자연보전연맹(IUCN, International Union for Conservation of Nature and Natural Resources)의 멸종 위기 위험 목록에 등재되었습니다. 아마도 실제로는 더 많은 동식물이 멸종 위기에 처해 있겠죠. 해상보호구역은 해양 생물 보호를 위해 필수적인 대책이라고 봐야 합니다. 하지만 지금은 해상보호구역이 전체 바다 면적의 4%밖에 되지 않아요.

숫자 정보

2010년 멕시코만에 있던 딥워터 허라이즌 석유 굴착 장치가 폭발했습니다. 이 사고로 5억 7천만 리터 (L)의 석유가 유출되어 17만 6천㎢에 이르는 지역이 시꺼멓게 오염되었습니다. 갈색펠리컨 12%와 웃는갈매기 32%가 목숨을 잃어야 했습니다. 그다음 해 멕시코만과 접한 루이지애나주의 돌고래 사망률이 4배나 폭증했습니다.

기름 유출

환경운동가들이 미국 캘리포니아 헌팅턴 비치에서 유출된 기름을 닦아내고 있습니다. 기름 유출은 해양 생물에 심각한 타격을 줍니다.

바다일까, 배수구일까?

지구의 바다는 많은 위기에 봉착해 있습니다. 거대한 '기업형' 저인망 그물을 단 어선 때문에 어류 자원이 더는 지속 불가능하겠다 싶을 만큼 씨가 말랐습니다. 대형 유조선은 끈적끈적하고 시커먼 기름을 바다로 뱉어내고, 오물과 하수, 독성 화학물질도 바다에 스며듭니다. 미세 플라스틱이 바다에 쌓이고 그것을 물고기가 삼킵니다. 열대 해안에는 바닷물 속에 뿌리를 박고 있는 맹그로브 숲이 줄었습니다. 맹그로브는 야생동물에 풍요로운 서식지를 제공하고 물의 범람을 막아주는 고마운 존재인데 말이죠. 바다 바깥 해안은 관광용 리조트나 콘크리트가 뒤덮고 있습니다.

상승하는 기온

바다는 원래 이산화탄소(CO_2)를 흡수합니다. 하지만 양이 지나치면 산성화를 일으키지요. 이렇게 산성화된 바닷물은 산호초와 조개껍데기에 피해를 줍니다. 바다 평균 기온은 140년 전에 비해 1℃ 높아졌습니다. 이는 물고기와 고래가 섭취하는 해양 유기체에 큰 영향을 줍니다. 바닷물이 뜨거워지면 자연스레 해수면도 상승합니다. 뜨거워진 바다가 북극과 남극의 빙하를 녹이면 상황은 더 심각해지겠지요. 바다의 범람은 해안을 침식시키고 나아가 해안가에 알을 낳는 거북이나 바다새에게도 서식지 파괴라는 엄청난, 원하지 않는 선물을 주겠지요.

인도네시아 라자 암팟은 산호초의 천국입니다. 이 지역은 인도네시아, 말레이시아, 파푸아뉴기니, 필리핀, 솔로몬 제도를 잇는 산호삼각지대(Coral Triangle)의 중심부고, 믿을 수 없을 만큼 풍부한 생물의 다양성을 자랑합니다. 그리고 스쿠버다이버의 성지이기도 합니다.

산호초에 대해 따지자면

- 가장 다양한 생물을 거두고 있는 해양 생태계입니다.
- 해양 생물 중 25%에게 수혜를 베풉니다.
- 지구에서 가장 아름다운 풍경을 보여줍니다.

- 기후위기로 위협받고 있습니다.
- 바다 오염으로 위협받고 있습니다.
- 관광산업으로 위협받고 있습니다.

드러먼드 호수는 미국의 노스캐롤라이나와 버지니아주의 늪지대인 디즈멀 대습지 가운데에 있습니다.

습지대와 건조 지대

인류의 문명 발상지는 큰 강이나 호수 주변이었습니다. 마실 물과 농경수가 있는 곳이죠. 다른 말로는 이런 곳이 풍요로운 자연 서식지이기도 하다는 이야깁니다. 하지만 세월이 쌓이면서 하수 때문에 오염되거나, 화학 물질과 쓰레기로 썩은 내로 코를 찌르든가 물길이 바뀌었습니다. 거대한 콘크리트 댐은 연어 같은 회유 어류의 경로를 거대한 높이로 막아섰죠.

숫자 정보

중앙아시아 아랄해는 한때 세계에서 네 번째로 큰 호수였지만, 지금은 농업용수로 겨우 사용할 물밖에 없습니다.

· 1960년 아랄해의 면적은 6만 8천㎢였습니다.

· 2004년이 되자 작은 호수로 나눠져 총 면적이 만 7,160㎢밖에 남지 않았습니다.

· 물 손실을 줄이기 위한 조치에는 거대한 댐 완공도 포함되어 있었습니다. 2016년 거의 말랐던 두 개의 작은 호수 중 하나에 물이 다시 생기고 있습니다.

● 1960년 해안지대
● 2010년 해안지대

사라지는 습지

습지 서식지에는 강 유역, 삼각주, 이탄지, 늪, 범람원, 호수, 펄, 소금 습지 등이 있습니다. 이런 곳에는 식물, 조류, 곤충, 어류, 포유류, 파충류 등이 살고 있어요. 또한 홍수가 자주 발생하는 지역의 습지는 유용한 완충 지대가 되어 줍니다. 게다가 대수층 역할도 해 사람과 가축을 위한 물을 제공합니다. 오늘날 습지는 개발이나 농사 때문에 사라지거나, 오염되었습니다. 또 **말라리아**를 옮기는 모기 같은 해충을 없애기 위해 살충제를 살포하고 있지요. 그 결과 습지에 살고 있는 동물의 수가 1970년 이후 76% 수준으로 줄었지요.

무서운 속도

부레옥잠은 급속도로 퍼지는 수생 식물이기 때문에 순식간에 호수나 습지를 뒤덮어 버립니다. 부레옥잠은 물의 흐름에 영향을 주는데다 햇빛을 막고, 물에 녹은 산소를 빨아들여 빠르게 퍼지면 물고기가 떼로 죽습니다.

뜨거운 사막

지구온난화는 습지는 더 습하게, 건조 지대는 더 건조하게 만듭니다. 지구온난화로 사막이나 건조 지대가 더 늘어날 것으로 보입니다. 이미 지구 표면의 4분의 1이 건조 지대인데 말이죠. 사막에서의 물을 찾기 위해 구멍을 파는 것은 무너지기 쉬운 모래흙을 더 불안정하게 만들 수 있습니다. 사막이더 뜨거워질수록 사막 식물의 생존에 도움을 주는 질소가 부족해집니다. 그럼에도 사막의 동식물은 미묘한 기온 변화와 물 공급에 정교하게 적응하고 있습니다. 이 동식물에게서 뜨겁고 건조한 기후에 적응하는 법을 배울 수도 있을 거예요.

사막 생활

소과인 겜스복은 나미비아 사막의 가혹한 날씨에 잘 적응했습니다. 겜스복은 발굽이 넓어서 모래 위를 쉽게 걸을 수 있습니다. 그리고 배가 하얀색이라서 지표면에서 뿜어져 나오는 열기를 반사시킵니다.

습지에 대해 따지자면

· 자연적인 홍수 조절을 합니다.
· 자연적인 필터와 물을 정수시키는 역할을 합니다.
· 바다와 육지 간의 장벽 역할을 하여 해안선을 안정시킵니다.

· 개발과 농업 때문에 말라 갑니다.
· 물이 농작물 관개를 위해 오용되게 한 측면이 있습니다.
· 농사에 사용되는 화학 약품 때문에 오염되고 있습니다.

툰드라, 초원 그리고 숲

북극 주변의 툰드라 지역은 나무가 거의 없고 극도로 춥습니다. 대개는 짧은 여름 동안 언 땅이 살짝 풀릴 뿐 땅속은 1년 내내 얼어 있지요. 자구온난화가 이 **영구동토층**을 녹여 메탄과 온실가스를 대기에 방출시킵니다. 오염에 취약한 툰드라 서식지는 산업화, 석유 시추, 오염 등으로 위기를 맞고 있어요.

풀의 바다, 초원은 어떨까?

한때 지구는 25%가 푸른 초원이었지만, 1700년 근대로 들어서면서 초원은 농경지와 목축지가 되어버렸습니다. 북아메리카의 프레리, 동유럽과 중앙아시아의 스텝지대, 남아메리카의 팜파스도 포함해서요. 초원의 파괴는 외래 유입종, 초원의 파편화, 과도한 집약농업, 토양 침식 때문에 일어났습니다.

캐나다의 이 초원처럼 넓은 들판은 농작물을 키우고 대규모 농장을 꾸리기에 더할 나위 없이 좋은 조건입니다.

결국 북미의 프레리는 1930년대 더스트볼, 즉 강우량이 적고 강풍이 많은 사발 모양의 반건조 지대가 되었습니다. 몽고 스텝 지역은 지난 60년 동안 기온이 1.9℃ 상승했고요.

숫자 정보

유럽인이 처음 북아메리카 프레리에 당도했을 때는 적어도 3천만 마리의 들소가 초원을 누볐습니다. 하지만 1885년에는 겨우 6백여 마리밖에 살아남지 않았죠. 밀렵을 금지하자 그 수가 다시 증가하여 야생에 3만여 마리, 농장에 4십만 마리가 목숨을 부지할 수 있었습니다.

이글이글 타는 땅

남아프리카공화국 크루거 국립공원의 사바나는 건조하고 가혹한 환경입니다. 여름철에는 종종 38℃가 넘어 숨이 턱턱 막힙니다.

사바나의 가뭄

나무가 띄엄띄엄 자라고 있는 동아프리카, 남아프리카의 사바나 초원에 가뭄이 더 길어지면 사막화가 일어날 수 있습니다. 소를 먹이는 이들이 도시로 이주하면 도시 규모는 점점 커지게 됩니다. 그럼 사바나 초원은 파편화되고 수원이 줄고 말라버립니다.

들불

건조한 환경에서는 화재가 급속도로 번질 수 있습니다. 자연 서식지가 이처럼 완전 폐허가 될 수 있습니다.

기후위기와 화재

기후위기가 대재앙과 같은 대형 산불의 위험을 어떻게 증가시키는지 설명하자면 아래와 같습니다. 머나먼 미국의 일인 것 같지만 다른 형태로 한국에게도 이러한 환경적 재앙이 일어날 개연성은 충분합니다.

2020년 유난히 많은 대형 산불이 캘리포니아주를 포함한 미국 서부에서 발생했습니다. 캘리포니아주의 한 주민은 방송국 인터뷰에서 불길이 하늘의 해를 가려 마치 세상의 종말이 온 것 같아 무서웠다고 토로했습니다. 실제로

2020년 9월 현재 8천100여 건의 산불이 캘리포니아주에서 발생해 도시 전체가 주황색 연무에 갇혀 있는 사진입니다.

이 산불은 우리나라 면적의 20%를 잿더미로 만들었습니다. 하지만 이 대형 화재는 누구의 실수나 고의로 발화된 것은 아니었습니다. 과학자들은 이 산불의 유력한 용의자로 북극의 빙하를 지목했습니다. 북극의 빙하가 어떻게 머나먼 미국의 서부에 화재를 냈을까요? 그건 지구온난화로 북극의 빙하가 녹아 한랭고기압을 형성했기 때문입니다. 북극의 빙하가 녹으면서 바닷물이 차가워지고, 이 찬 기운이 위의 더 따뜻한 공기를 빨아들여 기류를 형성합니다. 이 기류는 자연스레 기압을 발달시킵니다. 이 고기압 때문에 주변부는 저기압이 되고 그 저기압 주변은 다시 고기압이 발달되는 식으로 미국 서부로 접근했던 것입니다. 고기압이 된 미국 서부는 공기가 하강하면서 압력이 상승하여 기온이 높아지고, 습기는 마르고 구름 한 점 없는 청명한 하늘을 보여주죠. 그리고 강풍이 부는 겁니다. 그야말로 대형 화재가 일어날 최적의 환경이 조성되는 거죠. 여기에 벼락이 떨어져 불씨가 마련되면 그야말로 불지옥이 만들어집니다. 게다가 바람이 강하게 불어 불길을 잡을 수도 없어 몇 개월 동안 불타기도 합니다.

초원에 대해 따지자면

· 2헥타르(ha) 안에 100종 이상의 식물이 살 수 있습니다.
· 수많은 초식 동물을 먹여 살릴 수 있습니다.
· 프레리도그같은 설치류가 땅에 굴을 팔 수 있습니다.

· 전 세계적으로 단 5%의 초원만 보호받고 있습니다.
· 강수량이 적어 가뭄 위험이 큽니다.
· 지나친 방목, 지나친 집약농업이 쉽게 일어나는 경향이 있습니다.

외래종의 유입

1788년 영국 성착민은 식량용 토끼를 데리고 호주에 들어왔습니다. 1859년 사람들은 사냥의 재미를 위해 토끼 몇 마리를 방사하였습니다. 1920년대가 되자 토끼 수는 100억 마리로 늘어났습니다. 호주인은 토끼의 확산을 저지하기 위해 3,253㎞ 길이의 울타리를 설치했지만, 소용없었어요. 그들은 수백만 마리의 토끼를 총으로 쏴 죽였지만 그 역시 뾰족한 해결책이 되진 못했

수수두꺼비는 하와이에서 호주로 들어왔습니다. 독성 있는 분비선과 피부 때문에 많은 동물이 목숨을 잃었어요. 특히 개에게 위험하죠.

습니다. 사람들은 점액종이라는 치명적인 바이러스를 퍼트렸습니다. 그 대책은 효과가 있는 듯 했지만, 40년 후 토끼 수는 다시 3억 마리가 되었습니다.

💬 작고 귀여운 토끼를 싫어할 사람이 있을까요? 하지만 호주 농부는 싫어합니다. 토끼가 농작물과 풀을 다 뜯어먹어 지은 농사를 하루아침에 난장판으로 만들어버리니까요. 게다가 수많은 토끼가 나무껍질, 관목, 묘목을 다 갉아먹어 호주의 독특한 자연환경을 아주 망쳐놓죠. 토끼는 또 토종 동물의 굴을 빼앗고 그들과 먹이 경쟁을 벌입니다. 웜뱃이나 바위왈라비에겐 정말 끔찍한 일이죠.

바위왈라비

웜뱃

🗨 많은 외래종이 우연히 들어옵니다. 옛날 항해선에서 도망친 쥐는 수많은 섬의 야생 환경을 완전히 파괴해 버렸습니다. 관광객이 집으로 돌아가면서 외국의 곤충과 같이 귀국하기도 하죠. 애완동물 가게나 동물원에서 탈출한 동물이 타지에서 번식을 하기도 합니다.

🗨 1935년 호주 사람들은 사탕수수를 갉아먹는 해충을 박멸할 목적으로 중앙아메리카와 남미에서 거대한 수수두꺼비를 들여왔습니다. 오늘날 이들의 숫자는 2억 마리에 이릅니다. 천적 파충류(악어 등)가 잡아먹으면 수수두꺼비에 있는 독주머니 때문에 천적도 목숨을 잃게 됩니다. 그리고 토착종과 경쟁을 하며, 토착종에 내성이 없는 새로운 질병을 옮깁니다.

숫자 정보

전 세계 고양이는 야생 조류와 설치류를 잡아먹습니다. 미국에서 매년 고양이와 야생 고양이에게 희생당하는 야생 조류가 13억에서 40억 마리로 추산하고 있습니다.

💬 외래종이라고 해서 꼭 비관적인 파국을 불러오는 건 아닙니다. 많은 외래종이 환경에 해를 끼치지 않습니다. 무지개송어, 꿩, 캐나다기러기, 산파두꺼비 모두 영국에 들어온 외래종이었지만 문제를 일으키지 않았죠.

💬 우리가 재배하는 농작물 대부분은 원산지가 다른 곳이지만, 별다른 문제가 없습니다. 외래종인지 토착종인지 따지는 게 너무 예민한 것일 수 있어요. 서식지에 아무 해도 끼치지 않는데 토착종이 아니라는 이유만으로 죽이는 것은 윤리적이라고 할 수 없겠죠?

💬 해충을 없앨 목적으로 동물을 들여오는 건 3,000년 전 이집트에서부터 사용되던 서식지 통제 방법이었습니다. 이집트인은 곡물 창고에 있는 쥐를 잡으려고 고양이를 들여왔거든요. 외래종이 특별한 문제만 일으키지 않는다면, 독성 있는 제초제나 살충제 사용을 피할 수 있으니 이득입니다. 하지만 한 번의 실수로 끔찍한 재앙을 일으키고 싶지 않다면 전체 생태계에 대한 충분한 이해가 선행되어야 하겠죠?

나사뿔영양
(300마리 미만)

에리오피아늑대
(400~550마리)

아프리카코끼리
(470,000~690,000마리)

치타
(10,000~15,000마리)

아프리카 멸종 위기 종 톱 10 ──────

검은코뿔소
(약 4,180마리)

아프리카들개
(리카온, 3,000~5500마리)

마운틴고릴라
(거의 680마리로 추산)

3장 인류가 야기한 대멸종 시대

피그마하마
(2,000마리 이하)

아프리카사자
(20,000~23,000마리)

자카스펭귄
(72,000마리)

우리는 인류에 대한 동식물의 자자한 원성을 한 번도 듣지 못했습니다. 어쩌면 수없이 들었는데 애써 외면해오고 있는지 모릅니다. 우리 인류는 지금까지 동식물에 대해 못할 짓을 많이 해온 게 사실입니다. 그것이 생존을 위한 식량을 위해서든, 단순 사냥의 쾌락을 위해서든, 또는 우리 인류가 더 잘살기 위한 개발이든 말입니다. 우리 인류가 사라져가는 동식물들을 보고, 우리 인류의 생존에도 위협이 다가옴을 감지하고 멸종 위기 종을 지정해 관리할 필요성을 느낀 것은 어찌 보면 정말 다행입니다. 그래서 많은 사람이 생태계 보존을 위해 많은 일을 하려고 합니다. 하지만 어떤 사람은 변하는 자연환경에 적응하지 못하고 동식물이 멸종되는 것은 냉혹한 자연의 섭리라고, 어찌할 수 없는 일이라는 의견을 피력합니다. 그러나 그들의 의견을 귀를 기울일 필요는 없습니다. 동식물이 멸종하는 것은 자연의 섭리가 맞습니다. 그럼 그 빈 공간을 다른 생물이 진화하여 메웠을 것입니다. 하지만 현재의 동식물의 멸종 속도는 자연스러운 멸종의 속도와 비교해 정말 너무나도 빠릅니다. 우리 인류는 우리 인류의 생존을 위해서라도 자연 생태계를 보존할 필요성을 절박하게 느끼고 대처할 필요가 있습니다.

세계자연보전연맹(IUCN)의 **레드 리스트**

　서식지 파괴는 수많은 희생물을 양산하여 왔습니다. 그중에는 침팬지, 마운틴고릴라, 대왕고래, 눈표범, 인도코끼리, 벵골호랑이처럼 세상에 알려진 동물도 있어요. 가장 유명한 예는 자이언트판다일 거예요. 서식지인 중국 남서쪽 대나무 숲이 파편화되고 있거든요. 하지만 이런 동물처럼 멸종 위기에 처해있음에도 보호받지 못한 것도 많습니다.

　스페인스라소니

　세계자연보전연맹(IUCN)의 레드 리스트에는 나쁜 소식뿐만 아니라 좋은 소식도 있습니다. 스페인스라소니는 멸종 직전까지 갔었지만 다행히 그 개체수가 다시 늘고 있습니다. '이베리안린스'라고도 합니다. 스페인과 포르투갈 지역에서 주로 발견되는 큰 고양잇과 동물이죠.

카카포

　뉴질랜드의 날지 못하는 앵무새 카카포는 사냥, 서식지 파괴, 고양이 같은 천적 유입 등의 결과로 거의 지구상에서 사라질 뻔했습니다. 하지만 지금은 환경보호가가 포식자 없는 섬 세 군데에서 남은 카카포를 면밀히 관리하고 있습니다.

멸종 위기 동물 등급

　세계자연보전연맹 ICUN은 과학적인 데이터에 근거해 위험도를 평가하여, 레드 리스트라는 이름의 멸종 위기 동식물 목록이라는 보고서를 출간하였습니다.

멸종 위기 등급은 다음과 같습니다.

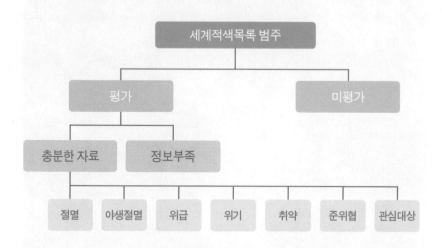

- 절멸(EX, Extinct)-생존하는 개체가 하나도 없는 상태
- 야생 절멸(EW, Extinct in the Wild) - 준 멸종 상태. 자연에서는 개체가
존재하지 않고 보호구역이나 동물원 같은 시설에서 제한적으로 생존하고
있는 상태
- 위급(CR, Critically Endangered) -취약, 멸종 위기 가능성이 높거나, 심
각하게 높은 상태
- 위기(EN, Endangered) - 멸종 위기 종
- 취약(VU, Vulnerable) - 멸종 위기 가능성이 높은 상태
- 준 위협(NT, Near Threatened) - 현재 상황으로 미루어 멸종 위기 상태
는 아니지만, 보존 조치가 취해지지 않는다면 머지않은 미래에 그렇게 될
상태.

- 관심 대상 (LC, Least Concern) −멸종 위기 상태에 있지 않음을 뜻함.
- 정보 부족 (DD, Data Deficient) − 평가 자료 부족.

마운틴고릴라

동부고릴라

아프리카에 있는 우간다의 숲에 사는 마운틴고릴라입니다. 동부고릴라는 마운틴(Mountain)고릴라와 동부로우랜드(Lowland)고릴라로 나뉩니다. 두 종 모두 서식지 파괴와 불법 사냥으로 심각한 멸종 위기에 처해 있었습니다.

숫자 정보

2016년 세계자연보전연맹은 동식물 85,604종을 조사하여 24,307종을 멸종 위기 종으로 지정했습니다. 우리나라 환경부는 멸종 위기 야생생물을 I급과 II급으로 나뉘어 호랑이, 황새, 미호종개 등 총 246종을 지정하여 보호하고 있습니다. 지정된 동식물은 불법포획, 채취, 유통 및 보관 등의 행위가 엄격히 금지되며, 3년 주기로 '전국 분포조사'를 실시하는 등 정부의 관리를 받습니다. 환경부 지정 멸종 위기 야생생물 목록은 106페이지부터 나옵니다.

생태계 보존

멸종 위기 종을 보존하려면 인간이 자연에 과하게 개입할 수밖에 없습니다. 피해 입은 서식지 복구, 동물 이주, 먹이 공급, 포식자 통제, 새의 알 부화, 자연보호 같은 인위적인 관리를 해야 하죠. 하지만 궁극적으로는 이런 인위적인 생태계 보전 없이도 자연 생태계가 저절로 지속가능하도록 서식지 개선이 되어야 합니다.

서식지 감소에 따른 위험을 따지자면

· 조사와 보호 노력으로 생태계를 보존할 수 있습니다.
· 빕과 보호로 멸종을 줄일 수 있습니다.
· 번식 프로그램으로 멸종을 줄일 수 있습니다.

· 동물 수집가 때문에 상황이 악화됩니다.
· 밀렵꾼 때문에 상황이 악화일로에 처했습니다.
· 멸종 위기 종 매매 때문에 상황이 안 좋습니다.

다양성 또는 멸종

건강한 번식을 위해서는 서식지가 파편화되거나 서식지가 훼손되어선 안 됩니다. 또 각각의 종은 유전적 다양성을 가지기 위해 같은 종이지만 분리된 개체군과 교미를 해야 합니다. 풍부하고 지속가능한 생태계를 만들기 위해서는 다른 다양한 종과의 상호작용 또한 필요합니다. 이 모든 요소들이 갖춰줘야 생물다양성이 보장됩니다.

생물다양성의 파괴

생물다양성의 파괴는 종의 멸종으로 이어집니다. 생물 형태로서의 진화가 완전히 멈추게 되는 거죠. 비록 관련된 종이 일부 유전적 역사를 다음 세대에 넘겨 줄 수 있을지 몰라도 말이에요. 계속 조사를 하고 있지만 현재 지구 상에 얼마나 많은 동식물의 종이 존재하는지는 정확히 집계되지 않습니다. 대략 과학적으로 인정된 종은 1,400만에서 1,800만 가지가 있습니다만, 오늘날 대부분의 과학자들은 멸종률이 치솟고 있으며 그 이유를 인류 활동 범위의 확대라고 보고 있습니다.

숫자 정보

현재 멸종률은 자연적 혹은 기본적 비율보다 천 배가량 높아졌다고 평가됩니다. 게다가 이 비율은 만 배까지 증가할 수 있습니다.

흑백목도리여우원숭이는 마다가스카르 섬에 삽니다. 열대우림의 파괴와 사냥 때문에 이 종의 멸종이 우려되고 있습니다.

다시 찾아오는 대멸종 시대?

공룡이 지구상을 걸어 다닌 지 6,600만 년이 지났습니다. 우리는 화석 연구를 통해 450억년 지구 역사상 적어도 다섯 차례의 대멸종의 시기가 있었다고 봅니다. 대멸종의 원인으로는 기후와 해수면 변화, 화산 활동, 대기 화학 물질의 변화, 소행성 충돌 등이 있습니다. 지금은 인류가 야기한 새로운 대멸종의 시대가 아닐까요?

멸종에 대해 따지자면

· 현대의 첨단 기술 덕분에 더 쉽게 예측할 수 있습니다.
· 인간의 개입과 보존으로 막을 수 있습니다.
· 생물다양성을 개선시켜 막을 수 있습니다.

· 그럼에도 멸종률이 증가하고 있습니다.
· 기후위기 때문에 위험이 더 커지고 있습니다.
· 대부분 서식지 파괴와 관련이 있습니다.

도도새

인도양 남부 작은 섬은 다른 육지에 비해 멸종 위기에 취약할 수밖에 없습니다. 어떤 종은 그곳에서 고립되더라도 계속 진화하겠지만, 일반 다른 종은 위기에 봉착했을 때 도피할 곳이 없습니다. 도도새가 마지막으로 관찰된 건 1662년 모리셔스였습니다. 도도새는 비둘기과지만 날지 못하고, 칠면조 크기로 몸집이 컸습니다. 탐발라코크, 즉 도도나무 열매를 주식으로 살았지요. 섬을 지나던 배가 정박할 때 내린 뱃사람들이 도도새를 식용으로 사냥했지요. 당시는 일반인에게 자연 생태계의 보호라는 인식을 기대하기 어려울 때였습니다. 고양이, 쥐, 개, 돼지 같은 외래종이 유입되어 둥지나 알까지 초토화되고 말았지요.

도도새는 1598년 모리셔스 섬에서 유럽인에 의해 세상에 알려졌습니다.
사람들은 도도새를 신기하게 바라보기만 하지 않고, 포획한 다음 유럽의
부유한 수집가에게 돈을 받고 팔기도 했어요.

💬 도도새는 더는 존재하지 않는다는 사실 때문에 유명해졌습니다. 정말 슬픈 일이죠. 하지만 새 한 종의 멸종이 뭐가 그리 중대한 일일까요? 중대한 일이라면 왜죠?

💬 서식지가 파편화되거나 사라지면 생물다양성은 너무나도 쉽게 타격을 받을 수밖에 없습니다. 도도새에게 작별을 고한 지 약 350년이 흐른 지금, 우리는 위기에 처한 작은 섬뿐만 아니라 전 지구적인 환경 파괴에 관심을 쏟게 되었습니다.

💬 생물 종 하나가 멸종하면 인간은 잃을 게 많습니다. 식물은 새로운 약품이나 치료제 재료로 유용합니다. 곤충은 해충 방제와 식물 수분에 필요합니다. 사실 이런 피해는 어찌 보면 감수할 만한 것인지도 모릅니다. 그것보다는 일그러진 작은 생태계가 다른 생태계에 미치는 영향이고, 그 영향이 지구 전체 생태계를 망가뜨리는 작은 나비의 날갯짓이 된다는 게 더 무서운 겁니다.

💬 우리는 생존에 대해 자연 법칙 안에서 이야기할 수 있습니다. 과학자들은 모든 생물은 자연에 적응해야 하고, 적응하지 못하면 멸종하는 법이라고 합니다.

💬 가장 대규모 멸종은 2억 5,200만 년 전 일어났습니다. 96%의 해양 생물과 육상에서 사는 척추동물 70%가 사라졌죠. 회복하는 데 자그마치 천만

년이라는 시간이 필요했습니다.

💬 지구상의 생물 종에서 99.9%가 우리 인류 때문에 오늘날 멸종이라는 시련을 맞고 있습니다. 이러다가 인류도 언젠가는 화석으로 남게 되겠죠.

숫자 정보

한때 미국에는 나그네비둘기가 90억 마리나 있었습니다. 하지만 1850년대와 1900년 사이에 사냥과 식용으로 잡혀 그 수가 급감했어요. 1914년 신시내티 동물원에서 마지막 나그네비둘기가 운명의 밤을 맞이하고야 말았지요.

시카고 필드 자연사박물관에 지금은 멸종되어 사라진 나그네비둘기 한 떼가 모형으로 전시되어 있는 모습입니다.

4장 자연보호에 눈뜬 인류

서식지

보존을 위한 행동

원시 시대의 신앙이나 철학은 자연에 대한 숭배에 뿌리를 두고 있습니다. 이후 사람들은 자연을 정원이나 공원의 형태로 길들였습니다. 그러다 보니 자연을 정복해야 하고 자원을 얻기 위해 자연을 개발해야 하는 야만적인 것으로 인식했어요. 서식지 파괴가 심각해지기 시작한 1800년대에 들어서야 자연보호에 대한 개념이 인류에게 생겨나게 되었습니다.

남아프리카 공화국의 코뿔소 불법 포획 반대 단체에서 코뿔소를 더 안전한 곳으로 옮기기 위해 애쓰는 모습입니다. 코뿔소는 종종 뿔 때문에 사냥을 당하거든요.

조직화하라!

지구 자연환경의 유지 여부는 인류의 자연 서식지 구호, 보존, 복원에 달려 있습니다. 우리 개개인의 참여도 중요하겠지만, 현지 보존 협회, 그린피스(Green peace)나 지구의벗(Friensd of the Earth) 같은 큰 환경 행동 단체, 정부, 유엔 등의 협력이 중요합니다. 그들은 보호구역, 야생동물 피난처를 만들고, 서식지 파편화를 막는 생태 통로 등을 전 지구적으로 만들 수 있어요. 캠페인은 전 세계적으로도 진행되어야 하고, 지역적으로도 진행되어야 합니다.

나무 심기

식목일은 사람들에게 나무를 심고 가꾸기를 장려하는 날입니다. 이 아이들은 미국 뉴욕의 오이스터 베이에서 나무를 심었어요.

더 큰 그림

지방 의회와 정부는 도시화를 억제하고 도시 계획을 세워야 합니다. 시골 지역은 지속가능한 농업과 덜 낭비되는 식량 생산과 토지 사용을 고민해야 하고요. 개도국은 환경 보호를 위해서라도 인구증가를 억제하고 빈곤 문제를 해소해야 합니다. 전 세계 학교는 어린이들에게 환경보호에 대해 가르치고, 나무 심기나 우물 파기 같은 프로젝트의 참여를 권장하여야 합니다.

아크틱 선라이즈호

그린피스의 아크틱 선라이즈(Arctic Sunrise)호는 빙하를 조사하고 해수 온도를 기록하여 기후위기를 관찰합니다. 그린피스는 북극해에서의 석유 시추, 포경 반대 등 수많은 환경 캠페인을 해오는 데 앞장섰습니다.

인류가 무엇을 할 수 있을지 따지자면

- 삼림 지대를 조성할 수 있습니다.
- 새 호수를 조성할 수 있습니다.
- 곤충을 불러들이는 꽃을 심을 수 있습니다.

- 무분별한 도시 계획에 반대할 수 있습니다.
- 지속 불가능한 숲에서 온 목재를 보이콧할 수 있습니다.
- 음식물 낭비를 막는 캠페인을 할 수 있습니다.

힘과 전진

개개인의 농부는 환경의 미래에 대해 미치는 힘이 미약합니다. 하지만 아주 힘 있는 기업이 여럿 모이면 이야기가 달라집니다. 2016년 독일 회사인 바이엘(Bayer)은 유전자변형 작물의 옹호로 유명한 미국 회사 몬산토(Montsanto)를 인수했습니다. 그 결과 세계 농작물 종자의 25%와 살충제를 장악한 회사가 탄생하였습니다. 이 기업의 활동은 농경지뿐만 아니라 자연 서식지에도 지대한 영향을 줍니다. 우리는 이런 기업 활동에 주목할 필요가 있습니다.

유전자변형 작물

몬산토는 유전자변형 작물로 유명합니다. 사람들은 거대 기업 몬산토가 환경을 오염시키고 건강도 해치는 유해 작물 판매를 비난합니다.

국제적인 자연보호 노력

자연 서식지 파괴는 유엔의 중요한 정책인 인구증가와 빈곤부터 기후위기까지 세계의 다른 위기와 밀접한 관계가 있습니다. 유엔과 유엔환경계획(UNEP)을 포함한 다양한 국제단체가 기후위기를 줄이기 위한 온실가스 배출 규제, 오염 방지, 생태계 보존, 규제와 교육 등 전방위적인 행동에 나서야 합니다. 다양한 국제 조약 기구들, 특히 유럽연합(EU)도 환경 보호와 지속가능성 지원을 위한 다양한 법을 제정하는 등 중요한 역할을 담당하고 있습니다.

2015년 유엔 기후 정상회의 파리 개최 하루 전, 기후위기를 막기 위한 행진에 참여하기 위해 우크라이나 키예프에 시민들이 모였습니다. 이 날 전 세계 수십만 명의 사람이 각국의 거리로 나와 행진했지요.

'환경에 미치는 영향을 더 신중하게 고려해 전 세계적으로
우리의 행동을 구체화해야 할 역사적 시점에 도달했다.'
-UN 인간 환경 회의 선언문, 1972년-

유엔에 대해 따지자면

> · 많은 국제단체와 협력해 서식지 보호를 지휘할 수 있습니다.
> · 기후위기에 대한 세계 회의를 소집할 수 있습니다.
> · 국제법을 지지할 수 있습니다.

> · 구성원이 합의한 내에서만 행동할 수 있습니다.
> · 때로는 서로의 이해가 상충되기도 합니다.
> · 때로는 권력이 과도하게 집중되었다고 비판받기도 합니다.

동물원과 보호

유대교도, 기독교도, 무슬림이라면 노아의 방주 이야기를 잘 알고 있을 겁니다. 고대 메소포타미아(지금의 이라크) 지역에도 비슷한 이야기가 있습니다. 어떤 버전의 이야기라도 대홍수가 일어난다는 점, 세계 모든 동물 종이 방주에 몸을 숨겨 살아남는다는 점은 공통적입니다. 동물원을 현대적인 방주라고 이해해도 무관할까요? 동물원은 서식지 파괴로부터 동물들을 보호할까요?

우리가 호랑이나 타조를 처음 가장 가까이에서 본 곳은 대부분 동물원입니다. 살아 있는 맹수를 직접 본다는 경험은 아주 놀라운 것이죠. 특히 어린이들에게는 더할 나위 없이 소중한 경험이에요. 또 많은 동물원에서는 견학 온 학생을 대상으로 교육 프로그램을 제공합니다. 이런 경험이 아이들이 미래의 환경 보호 활동가가 되도록 밑거름이 됩니다.

💬 동물원은 자이언트판다와 같은 희귀한 종을 번식시키기 위한 국제적인 협력 프로그램에 참여할 수 있습니다. 포획한 동물을 야생으로 다시 방생하는 역할을 하는 동물원도 있습니다.

💬 동물원은 멸종 위기 동물의 행동이나 먹이섭취, 번식 방법, 유전자 구성을 연구하고 해부해 볼 수 있는 기회를 제공합니다.

💬 현대 동물원은 예전에 비해 공간적으로도 여유롭고, 동물을 건강하고 행복하게 사육하는 노하우를 갖고 있습니다. 때로는 동물원의 우리에 갇힌 동물이 야생동물보다 더 오래 산다고 합니다. 하지만 모든 동물원 환경이 다 좋은 건 아니며, 모든 동물이 동물원 생활에 적합한 건 아닙니다.

💬 세계 최초의 동물원은 동물들에 대한 존중이라고는 전혀 찾아볼 수 없는 기괴한 쇼에서 시작되었습니다. 대중들은 놀라서 눈을 크게 뜨고 그걸 쳐다봤고요. 분명 동물을 가둬놓는 건 잔인하고 비도덕적인 일입니다.

💬 매우 제한된 유전자풀에서 태어난 동물, 동물원에서 사육된 동물은 야생으로 돌려보냈을 때 제대로 적응하지 못하는 경우가 많습니다. 자연 서식지에서 만나게 되는 질병에 면역성이 떨어질 수밖에 없어요. 그래서 야생으로 돌려보낸 성공 사례가 거의 없습니다.

아기 판다들이 낮잠을 자고 있어요. 자이언트판다의 보존은 동물원에서 운영하는 프로그램에 전적으로 의존하고 있습니다.

💬 우리 안에서의 동물의 행동은 야생에서의 행동과 매우 다르기 때문에 정밀한 연구에는 동물원의 동물 행동이 그다지 유의미한 의미를 지니지 않습니다. 많은 동물은 동물원 우리에 스트레스를 느끼고 불행해합니다.

💬 자연에서 뛰놀 수 있는 서식지를 다 훼손한 뒤 동물원에서 동물을 보호한다는 것은 말이 안 되는 행동입니다. 동물원에서 동물을 키우는 데 드는 비용으로 서식지 보존을 하는 편이 더 낫지 않을까요?

인도네시아 알로르섬의 바닷속입니다.

5장 자연 서식지와 자연 개발,
무엇이 우선일까?

세계의 대자연

인류는 사바나, 숲, 바닷가, 산골 등 자연환경에서 진화했습니다. 하지만 세계의 대자연을 거닐어 보면 여전히 특별하고도 묘한 감정에 취하게 됩니다. 그럼에도 세계의 대자연 지역이 빠르게 줄고 있습니다. 지난 20년간 320만㎢의 대자연이 사라졌습니다.

고대부터 성스러운 그 산

그렇기는 하지만 야생 지역이 국립공원이나 야생동물 보호 구역 등으로 지정되어 보호되고 있는 곳도 있습니다. 아마 가장 오래된 자연보호구역은 몽골의 복드항산(Bogd Khan Uul)일 겁니다. 800년 전부터 성스러운 산으로 보호받았으며, 1783년에 국립공원으로 지정되었고, 1996년에는 유네스코 생물권보전지역이 되었습니다.

미국 캘리포니아주, 요세미티 국립공원의 눈부신 광경입니다. 야생 상태의 공원 덕분에 생물다양성이 지켜지고 있습니다.

돌아온 늑대들

미국 옐로스톤국립공원에서 늑대들이 엘크를 쫓고 있습니다. 1920년대 사람들이 위험한 늑대를 다 잡아 이 지역 생태계가 무너졌어요. 그러자 늘어난 엘크가 마을에 내려와 사람들은 골머리를 앓았어요. 조사 끝에 엘크의 천적인 늑대가 사라졌기 때문임을 알고, 1990년대 다시 복원하는 데에 성공했지요.

야생을 보존하자

야생을 보존하기 위한 움직임이 미국에 처음 발을 들이게 된 것은 헨리 데이비드 소로(1817~1962), 존 뮤어(1838~1914) 같은 자연 애호가 덕분이었습니다. 미국 최초의 국립공원은 1872년 만들어진 와이오밍주의 옐로스톤 국립공원이었어요. 오늘날 그곳엔 포유류 60종 이상, 조류 300종 이상 그리고 파충류, 양서류, 어류, 곤충류가 서식하고 있습니다. 미국에서 가장 큰 국립공원 보호구역은 알라스카에 있는 랭겔–세인트엘리어스 국립공원으로 그 면적이 5만 3,321㎢입니다.

미래의 생물다양성

보존된 대자연은 어쩌면 이 지구가 선사할 수 있는 가장 가치 있는 자원인지도 모릅니다. 그 야생의 땅이 진짜 좋은 이유는 미래의 생물다양성을 위한 해답을 품고 있기 때문입니다. 이런 야생은 이미 망가진 대자연의 오아시스에 불과하지만, 그러나 거기에 희망이 있습니다.

> "눅눅히 젖은 것, 야생의 것이 없다면 그런 세상은 어떤 곳일까?
> 그러한 것들을 그대로 두라, 그대로 두라, 야생과 젖음을.
> 잡초와 야생의 땅을 길이 남아 있도록 하라."
> -영국 시인 제럴드 맨리 홉킨스의 인버스네이드(Inversnaid)(1881) 중에서 -

자연보호구역과 국립공원에 대해 따지자면

· 오래된 서식지를 보호할 수 있습니다.
· 훼손된 서식지를 복원시켜 동식물을 다시 불러들일 수 있습니다.
· 도시 거주자에게 대자연을 보여줄 수 있습니다.

· 현재 지구 육지 표면의 10~15%뿐입니다.
· 그 수가 16만 천 개가 넘습니다.
· 세계적으로 증가 추세입니다.

미래의 종자

영국 런던의 왕립 큐가든 식물원에는 3만 종류가 넘는 식물이 있습니다. 영국 서식스의 밀레니엄 종자은행 안의 냉장 금고에는 20억 가지가 넘는 씨앗이 보관되어 있습니다. 전 세계 야생 식물 종의 13%가 넘는 종이지요.

수련의 집

온실

이곳은 런던 큐가든 식물원 안에 있는 '수련의 집'입니다. 이 식물원은 세계에서 가장 다양한 식물과 버섯류를 보유하고 있어서 현재 유네스코 세계유산으로 등재되었습니다.

생물다양성을 위한 은행

다른 종자은행은 북극에 있습니다. 노르웨이령 스피츠베르겐이라는 영구 동토층 섬에 25억 가지의 종자가 보관되어 있지요. 여기엔 소중한 식용 작물 품종 모두가 보관되어 있습니다. 이곳 말고도 세계 이곳저곳에는 생물다양성을 위한 은행이 설치되었습니다. 미래에 일어날지도 모를 환경 재앙에 대한 보험의 의미를 가지고 있죠.

새로운 해결책

야생보호구역이나 종자은행은 인류가 세울 수 있는 가장 현명한 대비책 가운데 하나입니다. 다가올 세기에 지구는 그 어느 때보다 이런 기술이 필요합니다. 전기를 생산하고 보존하는 방법에 관해서는 이미 중대한 한 걸음을 내딛었습니다. 바로 화석연료에 기대지 않은, 풍력이나 태양광 같은 전기 발전입니다. 이 한 걸음이 기후위기에 대한 대처에도 도움이 되어줄 것입니다. 하지만 모든 것들을 순식간에 해결해줄 마술 지팡이는 없습니다. 과학적 노력의 대부분은 이미 손상된 곳을 복원시키는 데에 사용될 것입니다. 위기에 처한 서식지의 경우도 마찬가지고요. 환경 문제는 많은 시간이 걸릴 것이며, 사람의 마인드를 바꾸는 노력도 반드시 필요합니다.

태양열 에너지

태양 에너지 기술이 발전한 결과 이 영국의 농장처럼, 태양 에너지를 많이
받지 못하는 지역에서도 태양 에너지를 활용할 수 있게 되었습니다.

'우리가 우주의 경이로움과 우리 현실에 대해 더 명확하게
집중할수록, 우리의 파괴 취향도 줄어들 것이다.'
-레이첼 카슨, 미국 환경 보호 운동가, 1907~1963-

스발바르 국제 종자 저장고는 노르웨이 스피츠베르겐 섬에 위치한 안전한 종
자은행입니다. 국지적인 혹은 지구적인 재앙이 닥쳤을 때를 대비해 인류의 먹
거리를 지켜내는 거죠.

미래에 대한 염려를 따지자면

· 우리는 생물다양성에 대해 더 폭넓게 이해할 수 있을 겁니다.
· 우리는 새롭게 청정하며 지속가능한 과학기술을 발전시킬 겁니다.
· 서식지 보존을 확대하고 강화할 수 있습니다.

· 거대한 환경적 도전이 있을 것입니다.
· 환경과 관련한 갈등이 더 생길 수 있습니다.
· 예측하기 힘든 요소나 아직 알려지지 않은 변수가 많습니다.

환경

지속 가능한 성장

자연 서식지냐, 자연 개발이냐?

환경 운동가들은 정녕 현실 세계에서 살고 있기는 한 걸까요? 그들은 정녕 오늘 고기를 먹지 않고, 화석연료가 움직이는 교통수단을 이용하지 않을까요? 누구나 동의하듯 지구가 제공하는 자원을 이용하지 않고서는 '경제성장'을 이룰 수 없습니다. 그런데도 개발은 하지 말고 자연을 그냥 두라고 합니다.

아니 어쩌면 공장주나 개발업자가 눈앞을 가로막고 선 전신주를 못 보는 장님일지도 모릅니다. 이대로 가면 우리 인류는 공멸을 피할 수 없는데, 오늘 당장의 편리함이 무슨 의미를 지닌다고 자연 개발을 못 해 안달이 난 걸까요? 우리의 지구 자원이 한정되어 있어 그걸 고갈시킨다면 '경제성장'은커녕 생존할 수가 없습니다.

💬 경제가 우선이라는 개발론자들은 이렇게 항변합니다. 빈곤퇴치가 인구 증가의 최선의 억제책이라면, 경제성장이 꼭 필요한 이유가 되지 않을까요? 돈을 번다는 건 북극에서 석유 시추를 하고, 농지를 개간하고, 강바닥을 준설하고, 새 도시를 건설하는 걸 뜻하죠. 원래 우리가 잘 하던 일입니다.

💬 정녕 여러분은 인류 역사상 최초로 우리 후손에게 덜 개발된 세계를 넘겨주는 세대가 되고 싶은 건가요?

💬 우리는 자연 서식지를 파괴했다는 부끄러움에 고개를 숙일 필요가 없습니다. 오히려 자동차나 마천루 건설 같은 역사적 업적을 자랑스러워해야 합니다.

💬 달걀을 깨지 않고는 오믈렛을 만들 수 없습니다. 지구는 오랜 시간 인간의 간섭을 묵묵히 견뎌왔습니다. 생태계와 서식지는 아직 오랜 시간을 더 버틸 수 있습니다.

💬 환경이 우선이라는 입장은 다소 더 많은 사람과 공유하게 된 것은 사실입니다. 하지만 우리가 이 행성에서 어떻게 살 것인지 방향을 정하지 않는다면, 우리는 우리 자신의 소멸을 눈앞에서 목격하게 될 것입니다.

💬 우리 친환경론자도 과거로 돌아가고 싶지 않습니다. 미래의 집은 첨단 기술을 이용하여 스스로 필요한 전력을 생산하는 소재로 만들어질 겁니다.

이미 실현 가능한 기술이며, 우리가 자랑스러워해야 할 기술적 성취입니다. 전기자동차도 벌써 대로에서 돌아다니고 있지요.

💬 서식지 파괴는 식물과 야생뿐만 아니라 우리 인류에게도 치명적인 일입니다. 2020년 코로나19의 세계적 대유행을 보면서 그런 위기감을 다 느끼고 있지 않나요? 환경이 병들면 우리도 무사할 수 없습니다.

💬 지속가능성은 경제성장의 열쇠입니다. 오로지 경제적 이윤을 위해 불필요한 상품을 대량생산하여 자원을 낭비하고, 대자연을 파괴하는 경제성장으로는 미래 세대에게 물려줄 미래를 건설할 수 없습니다.

세상이 A와 B, 둘 가운데 하나를 우리에게 강요할 때 우리는 C가 있는지 살펴야 합니다. A와 B가 정답이 아니라고 생각하면서도 선택지가 두 개밖에 없다고 둘 중 하나를 선택하는 것은 슬기로운 행동이 아닙니다. 물론 C가 쉽게 눈에 띄지 않을 겁니다. 하지만 알파벳이 A에서 Z까지 있듯 C는 분명히 있습니다. 찾기 힘들뿐입니다.

앞에서 말한 환경론자의 이야기에도 귀를 기울여야 하고 개발론자가 전하는 말도 흘려듣지 말아야 합니다. 지금은 지구를 개발하기 위해서라도 지구를 보호하고 자연 서식지를 보존해야 합니다. 지구를 파괴하는 개발은 이제 끝났다고 보는 게 맞습니다. 자연 서식지를 보존하려는 인류의 욕구는 그 어느 때보다 강합니다. 지구를, 자연 서식지를 살리는 개발만이 우리의 생존이나 번영을 기대할 수 있습니다. 다행히 지금 현재 세계는 그런 방향으로 나아가고 있습니다.

용어 설명

산성비 공장이나 산업지대에서 분출한 아황
산가스(SO_2), 산화질소(NO)와 물 분자
가 섞여있는 비. 물이 산성이 되면 숲,
식물, 심지어 건물에도 피해를 준다.

대수층 바위, 자갈, 흙 아래 물을 흡수해서
저장하고 있는 층. 대수층까지 우물을
파면 물을 얻을 수 있다. 자연적인 압
력이나 양수 시설에 의해 지표면까지
끌어 올릴 수 있다.

생물다양성 특정 지역에 살고 있는 생물체
의 다양성과 품종

생물군계 주요 지역을 포괄하는 대규모 생
태계. 생물군계는 보통 그 지역에 주
로 사는 식물 종류로 정의한다. 초원,
낙엽수림, 침엽수림 등이 있다.

이산화탄소(CO_2) 대기 중에 존재하는 무색
무취의 기체. 모든 동물이 호흡 과정
중에 내뿜고, 식물이 광합성 과정에
흡수한다. 식물은 이산화탄소, 물, 햇
빛을 이용하여 당과 산소(O_2)를 만들
어낸다.

멸종 한 종이 특정 지역에서 혹은 지구 전
체에서 영원히 사라지는 것

화석연료 고대 동식물의 유해가 썩어서 만
들어진 석유, 석탄, 가스, 토탄 등이 있
다. 발전소와 자동차에서 태워서 에너
지를 낸다.

유전자변형 다른 특징을 만들어내기 위해
동식물의 DNA 속 유전 정보를 바꾸는
것. 보통 동식물의 생장과 행동을 개
선시키기 위한 용도로 쓰인다.

지구온난화 지구 전반적인 기온이 점차적
으로 높아지는 것. 과학자들은 현재
지구온난화의 원인을 화석연료 사용
같은 인간 활동에 의한 대기 중 이산
화탄소 농도 증가로 본다.

온실가스 지구에 반사된 태양 복사열을 대
기 중에 가둬 놓는 이산화탄소(CO_2)와
메탄(CH_4) 같은 기체. 지구온난화를
일으킨다.

파편화 동식물의 자연 서식지가 나뉘거나 고립되는 것. 도시화와 경작지 증가로 넓었던 서식지가 분산되어 흩어지면 그 지역 동식물 종이 줄어들거나 멸종할 수 있다.

산업혁명 생산 기술과 기계의 발명으로 사회적, 생태계적 변화가 찾아온 시기. 1700년대 후반 영국에서 시작되었으며 전 세계적으로 대도시가 생겨난 요인으로 작용한다.

말라리아 일부 모기 유충에 의해 감염되고, 모기에 물린 사람에 의해 전염되는 질병. 혈액 세포를 공격하며 열, 구토, 두통, 혼수상태를 일으키며, 심하면 죽음에 이른다.

대멸종 시대 대규모 멸종이 일어난 시기. 공룡은 6,600만 년 전 대멸종 사건으로 사라졌다. 지금이 인간이 일으킨 대멸종 시대로 접어들고 있는 중이라고 믿는 사람도 있다.

팜유 기름야자나무에서 나오는 먹을 수 있는 기름 종류. 연료, 식품부터 화장품, 비누까지 아주 다양한 용도로 사용된다. 팜유 사용이 늘어나면 대규모 환경 훼손이 일어날 수 있다. 대규모 농장을 지으려면 거대한 우림 지역의 나무를 베어야 한다.

영구동토층 일 년 내내 얼어 있는 토양층. 툰드라와 극지방에서 찾아볼 수 있으며 지표면 밑으로 몇 백 미터 아래까지 뻗어 있다.

밀렵꾼 불법적으로 동물을 사냥하는 사람. 고기, 가죽, 털가죽, 전통적으로 약이나 연고를 만드는 데 사용된 특정 부위를 얻기 위해 동물을 죽인다.

수분 식물 수술의 화분이 암술머리에 옮겨 붙는 일. 수술의 화분은 보통 곤충에 의해 옮겨지지만 바람이나 물을 통해서도 전달될 수 있다.

우림 일 년 내내 아주 많은 양의 비가 내리는 숲 지역. 열대우림은 적도 주변에 있으며 온대 우림은 보통 해안 주변에 위치한다.

레드 리스트 세계자연보존연맹(IUCN)이 만든 생존이 위협당하고 있는 야생 생물 명단. 각종의 상태와 그들이 직면하고 있는 문제를 기록하였다.

사바나 군데군데 나무가 있는 초원 생태계. 건기와 우기가 있다.

종 생물을 분류하는 가장 기본적 단위. 서로 생김새와 행동이 비슷하며 자손을 만들기 위해 서로 짝짓기와 번식을 할 수 있다.

툰드라 지표면 아래 땅이 영구동토층이라 일 년 내내 얼어 있는 추운 지역. 나무나 다른 큰 식물이 자라지 못한다. 툰드라는 극지방과 그 주변 섬, 높은 산 꼭대기 등에 위치한다.

유엔(국제연합, UN) 여러 나라들이 평화를 증진하기 위해 조직화하고 협력하는 국제 조약 기구. 1945년 제2차 세계대전이 끝나고 만들어졌으며 본부는 미국 뉴욕 시티에 있다.

1. 포유류

가. 멸종 위기 야생생물 Ⅰ급

1	늑대
2	대륙사슴
3	반달가슴곰
4	붉은박쥐
5	사향노루
6	산양
7	수달
8	스라소니
9	여우
10	작은관코박쥐
11	표범
12	호랑이

나. 멸종 위기 야생생물 Ⅱ급

1	담비
2	무산쇠족제비
3	물개
4	물범
5	삵
6	큰바다사자
7	토끼박쥐
8	하늘다람쥐

2. 조류

가. 멸종 위기 야생생물 Ⅰ급

1	검독수리
2	넓적부리도요
3	노랑부리백로
4	두루미
5	매
6	먹황새
7	저어새
8	참수리
9	청다리도요사촌
10	크낙새
11	호사비오리
12	흑고니
13	황새
14	흰꼬리수리

나. 멸종 위기 야생생물 Ⅱ급

1	개리
2	검은머리갈매기
3	검은머리물떼새
4	검은머리촉새
5	검은목두루미
6	고니

3. 양서류·파충류

가. 멸종 위기 야생생물 Ⅰ급

나. 멸종 위기 야생생물 Ⅱ급

나. 멸종 위기 야생생물 II급

8. 해조류

멸종 위기 야생생물 II급

9. 고등균류

멸종 위기 야생생물 II급

내인생의책 은 한 권의 책을 만들 때마다
우리 아이들이 나중에 자라 이 책이 '내 인생의 책'이라고 말할 수 있는 책을 만들고자 합니다.

세상에 대하여 우리가 더 잘 알아야 할 교양
(85) **자연 서식지와 자연 개발** 무엇이 우선일까?
필립 스틸 글 | 윤영 옮김

초판 인쇄일 2020년 10월 27일 | 초판 발행일 2020년 11월 9일
펴낸이 조기룡 | 펴낸곳 내인생의책 | 등록번호 제10-2315호
주소 서울시 성동구 성수일로99 서울숲AK밸리 809호
전화 02) 335-0449, 335-0445(편집) | 팩스 02) 6499-1165
전자 우편 bookinmylife@naver.com | 홈페이지 http://bookinmylife.com

QUESTION IT! Series
6. Natural Habitats by Philp Steele
Copyright© Wayland, 2017
All rights reserved.

Korean Translation Copyright© 2020 by THE BOOKINMYLIFE
Korean edition is published by arrangement with Hodder and Stoughton Limited
through Imprima Korea Agency

이 책의 한국어판 저작권은 Imprima Korea Agency를 통해
Hodder and Stoughton Limted와의 독점 계약으로 ㈜내인생의책에 있습니다.
저작권법에 의해 한국 내에서 보호를 받는 저작물이므로
무단전재와 무단복제를 금합니다.

ISBN 979-11-5723-638-1 (44300)
       979-11-5723-620-6 (세트)

책값은 뒤표지에 있습니다. 잘못된 책은 구입처에서 바꾸어 드립니다.

이 도서의 국립중앙도서관 출판예성노서목록(CIP)은 서지정보뷰통지원시스템 홈페이지(http://seoji.nl.go.kr)와
국가자료종합목록 구축시스템(http://kolis-net.nl.go.kr)에서 이용하실 수 있습니다. (CIP제어번호 : CIP2020043041)

내인생의책에서는 참신한 발상, 따뜻한 시선을 가진 원고를 기다리고 있습니다.
원고는 나무의 목숨값에 해당하는 가치를 지녔으면 합니다.
원고는 내인생의책 전자우편이나 홈페이지를 이용해 보내 주세요.

어린이제품 안전 특별법에 의한 제품 표시

제조자명 내인생의책 | **제조 연월** 2020년 10월 | **제조국** 대한민국 | **사용연령** 5세 이상 어린이 제품
주소 및 연락처 서울시 성동구 성수일로99 서울숲AK밸리 809호 02) 335-0449